SCM

Stiftung Christliche Medien

SCM ist ein Imprint der SCM Verlagsgruppe, die zur
Stiftung Christliche Medien gehört, einer gemeinnützigen Stiftung,
die sich für die Förderung und Verbreitung christlicher Bücher,
Zeitschriften, Filme und Musik einsetzt.

Die Bibelverse entstammen folgender Übersetzung:
Einheitsübersetzung der Heiligen Schrift, © 1980 Katholische Bibelanstalt, Stuttgart.

1. Auflage 2021
6. Gesamtauflage

Max-Eyth-Straße 41 · 71088 Holzgerlingen
Internet: www.scm-verlag.de; E-Mail: info@scm-verlag.de

Gesamtgestaltung und Illustrationen: Franka Röhm, Kirchheim unter Teck
Fotos und Icons: Soloviova Liudmyla, Monkey Business Images, Sergey Novikov, EvgeniiAnd, Oleg Totskyi, matimix, Veja, alexei_tm, Andrea Y. Fraser, Olga Popova, Sunny studio, Treter, Olexander Kozak, Robert Kneschke, SewCream, Irina Kozorog (alle von shutterstock.com)
Druck und Bindung: FINIDR, s.r.o.
ISBN: 978-3-7893-9868-1
Bestell-Nr.: 629.868

Elisabeth Vollmer

Weil du wertvoll bist

Zur Kommunion

Für Jungen

SCM

ERSTKOMMUNION

Vielleicht hast du eine Dose
mit dem ersten Zahn, den du verloren hast.
Und ganz bestimmt hast du ein Foto
von deinem ersten Schultag.

Wenn etwas zum ersten Mal passiert, ist es neu, spannend, ungewohnt und besonders.

Ganz besonders ist auch die Erstkommunion.

Jetzt gehörst du also zum ersten Mal zu denen, die eine Hostie bekommen und denen **Jesus damit ganz nahe** kommt. Und so wie der erste Schultag nicht das Ende, sondern der Beginn deiner Schulzeit war, so geht es auch **mit der Kommunion jetzt erst richtig los**. Es gibt viel zu entdecken.

Freu dich darauf!

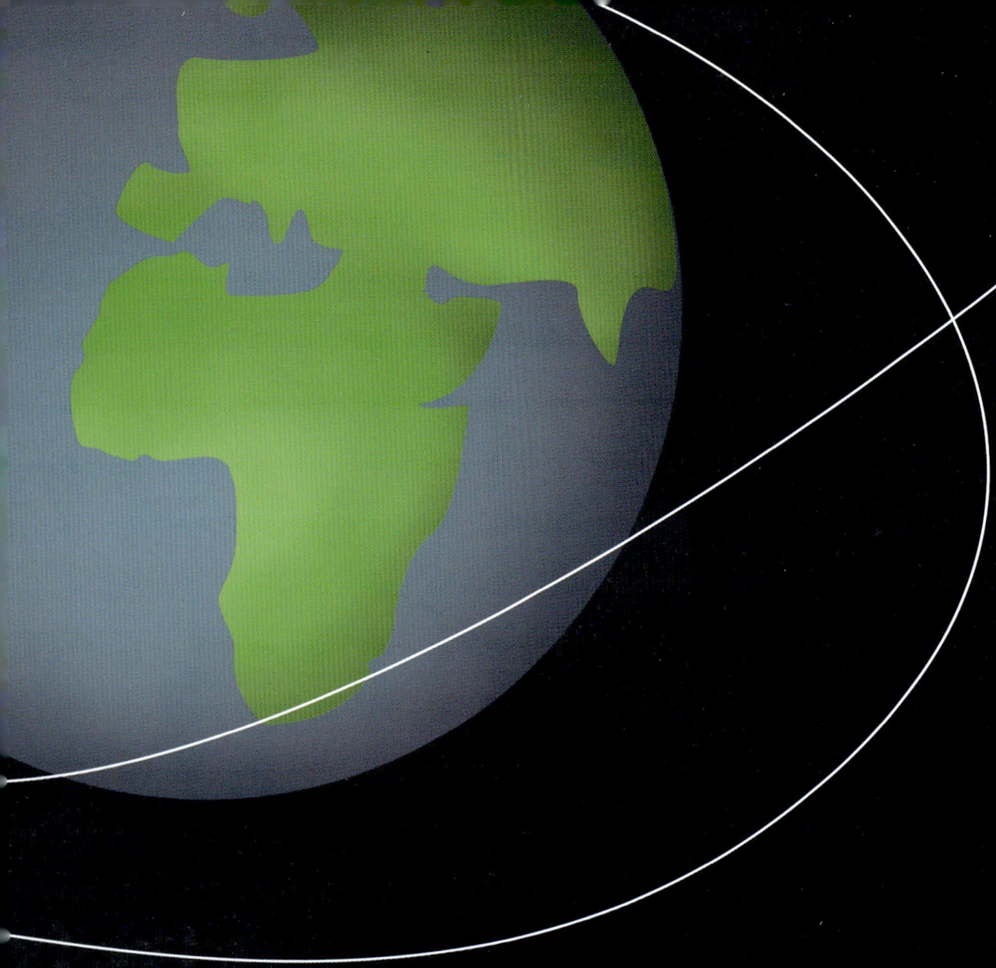

Wir leben auf dem Planeten Erde. Der Teil des Universums, den wir von hier aus beobachten können, ist klein. Es sind „nur“ ungefähr **eine Trilliarde anderer Planeten**. Als Zahl geschrieben sieht das so aus:

1000000000000000000000

Wenn wir uns diese unglaubliche Zahl
in Reiskörnern vorstellen würden,
wäre **ganz Deutschland** mit einer gut
7 cm dicken Schicht davon bedeckt!
Und nur eines dieser Reiskörner
wäre unser Planet Erde.
Rund 7 Milliarden Menschen leben hier – und
einer davon bist du. Angesichts dieser riesigen Zahlen
könntest du dir klein und unwichtig vorkommen.
Aber das Gegenteil ist der Fall:
Kein anderer der 7 Milliarden Menschen hat
deinen Fingerabdruck, hat genau **dein Lächeln**
oder **fühlt exakt wie du**.
Keiner lebt sein Leben so wie du.
Was du tust oder lässt, ist wichtig.

Und Gott, der all das gemacht hat, kennt dich und sagt:

Du bist mir wichtig!

VIP VERY IMPORTANT PERSON

das bedeutet: **sehr wichtige Person**.
Das sind zum Beispiel Politiker,
Schauspieler oder Sänger, für die
die besten Plätze reserviert sind.
Bei Jesus gab es auch solche VIPs,
die haben von ihm den **allerbesten**
Platz und die **volle Aufmerksamkeit**
bekommen. Er hat sie sogar
extra noch in die Mitte gestellt und
den anderen gesagt, dass sie
sich an ihnen ein Beispiel nehmen sollen.
Willst du wissen, wer das war?
Kinder – vielleicht sogar ein Junge,
gerade so wie du.

Du bist bei Jesus ein VIP!

NIKO

Das bin ich am Tag meiner ERSTKOMMUNION

Das **mag** ich ganz **besonders**:

Das **mache ich gerne**:

Das sind meine **besten Freunde**:

Das **Coolste bei der Erstkommunionvorbereitung** war:

Das hat **mein Fest so toll** gemacht:

Freunde

Echte Freunde gehen zusammen
durch **dick und dünn**.
Sie lachen über mehr oder weniger
witzige Dinge und **helfen einander**,
wenn's drauf ankommt.
Echte Freunde haben manchmal
auch Streit, verstehen sich nicht
oder schreien sich an.
Aber sie kriegen dann auch die Kurve
und **vertragen sich wieder**.
Echte Freunde sind wichtig und selten.
**Am besten findet man sie,
wenn man selbst einer ist.**

JESUS,

du warst ein Kind – so wie ich.
Du wurdest geboren und bist gewachsen.
Du hast gespielt und gelernt.
Du warst froh und manchmal traurig.
Du hattest Bärenhunger und ein Lieblingsessen.
Du hast Fangen gespielt und Verstecken.
Wie alle Kinder zu allen Zeiten.
Du warst ein Kind – so wie ich.
Ganz normal **und doch so besonders.**
Ich möchte auch gerne besonders sein,
und du sagst, dass **jeder ganz besonders ist:**
gewollt, begabt, geliebt – auch ich.
Ein Gebet aus der Bibel:

Ich **danke dir**, dass du
mich so wunderbar
gestaltet hast.
Ich weiß: **Staunenswert**
sind deine Werke.
Psalm 139,14

Auf dieser Seite steht ein **„Akrostichon“.** Das **bedeutet**: Hinter jedem Buchstaben steckt eine Beschreibung, die zum Gesamtwort passt.

Für das Wort **„Erstkommunion“** könnte es z. B. so aussehen:

Endlich kriege ich auch eine Hostie!
Riesenfest
Segen
Tauferinnerung
Kontakt mit Gott
offen für Neues
mit Freunden und
mit Jesus feiern!
unterwegs
nah bei Gott
irgendetwas ist hier ganz besonders
ohne Vorleistung – geschenkt!
niemand ist genau wie du!

Hast du Lust,
auch mal so was
zu schreiben?

Auf der nächsten Seite
geht es weiter ...

Hier ist Platz für ein AKROSTICHON *mit deinem Namen.*

Schreib ihn in **GROSSBUCHSTABEN** nach unten und schau mal, was dir (und deinen Freunden/deiner Familie) so einfällt!

„Wie heißt du?“, fragen wir, wenn wir jemanden kennenlernen wollen. Und Gott? Hat er auch einen Namen, den wir kennen sollten, wenn wir ihn kennenlernen wollen?

JA!

Es gibt sogar ziemlich viele Namen Gottes in der Bibel.
Sie alle versuchen zu beschreiben, wie Gott ist.
Ein ganz besonders wichtiger Name Gottes ist dabei **„Jahwe“**,
das heißt übersetzt: **„Ich bin da“**.
Wenn Gott also sagt: „Ich bin da“ – dann gibt es Gott.
Aber sein Name bedeutet noch viel mehr, nämlich:
„Ich bin immer für dich da“.
Das heißt: Gott ist immer bei mir. Bei allem, was ich bisher erlebt habe, jetzt in diesem Moment, und er wird auch mein ganzes Leben lang bei mir sein.
Und es bedeutet auch noch: Gott ist für mich da,
er hat immer Zeit für mich!

Große Worte.

Es lohnt sich, darüber nachzudenken …

Ich bin da.

Der **ICH BIN DA** ist bei mir,
in jedem Moment meines Lebens.

Der **ICH BIN DA** ist unbegreiflich groß
und unbeschreiblich gut.

Der **ICH BIN DA** versteht mich sogar dann,
wenn mir die Worte fehlen.

Der **ICH BIN DA** kennt mein Lachen
und sieht auch meine Tränen.

Der **ICH BIN DA** kennt alle meine Träume
und weiß schon, welche davon wahr werden.

Gott, du bist da, und ich bin auch da – lass uns zusammen da sein.

Es gibt Tage, an denen geht alles schief.
Die Mathearbeit ist verhauen,
und der beste Freund hat Hausarrest.
Die kleine Schwester nervt,
und der Hund hat Flöhe.
Die Eltern haben keine Zeit und merken nicht,
dass ich sie gerade wirklich brauche.
Also dann, wenn der Tag total grau
und die Laune mies ist, **bin ich nicht alleine.**
Gott ist bei mir. **Er versteht meinen Frust.**

Ihm kann ich alles sagen –
und das tut mir **gut.**

TAUFE

Wahrscheinlich wurdest du am Tag deiner **Taufe** nicht gefragt, ob du überhaupt getauft werden willst. Du warst noch ein Baby und deine Eltern haben für dich entschieden, weil sie das für gut und richtig gehalten haben. Sie wollten, dass Gott dir ganz nahe kommt. Dass er dein Leben begleitet und dich beschützt. Bevor du etwas sagen oder Tolles tun konntest, hat Gott durch die Taufe zu dir gesagt:
„Du bist mein geliebter Sohn!"
Jetzt bist du groß. Du kannst antworten und sollst selbst entscheiden. Deshalb gehört zur Erstkommunion immer auch die Tauferinnerung. Du wirst gefragt:

„Glaubst du an Gott und möchtest du mit Jesus alles Böse überwinden und in einer guten Weise leben?"

Die Freunde von Jesus wollen wissen, wie sie beten sollen.
Die Antwort von Jesus ist das

VATERUNSER

Vater unser im Himmel

Gott, du bist wie der beste Papa,
den ich mir vorstellen kann.

geheiligt werde dein Name.

Du bist immer für mich da.
Daran will ich denken, dafür will ich dir danken.

Dein Reich komme,
dein Wille geschehe

Es soll Wirklichkeit werden,
wie du dir Leben vorstellst.

wie im Himmel so auf Erden.

Wir vertrauen dir,
dass du unser Leben
auf der Erde lenkst
und dass spätestens im Himmel alles gut wird.

Unser tägliches Brot
gib uns heute.

Versorge uns heute mit allem,
was wir zum Leben brauchen.

BROT

In dieser Rätselschrift ist ein Satz versteckt, den Gott zu dir sagt:

DU BIST IN MEINEN AUGEN TEUER UND WERTVOLL UND ICH HABE DICH LIEB.

„Soll ich was mitbringen?“, fragen manche Gäste,
die zu einem Fest eingeladen sind.
Und dann bringen sie – je nach Anlass –
Kuchen, Nachtisch oder einen Salat.
Wenn ich Jesus frage, was ich zum Fest des Glaubens
in die Kirche mitbringen soll,
dann geht es nicht um Kuchen, Nachtisch oder Salat.
Dann geht's um mich.
Und deswegen bringe ich mit:
den Streit mit meinem Freund und die Zwei im Aufsatz,
dass ich noch ziemlich müde bin und dass die Sonne scheint.
Alles passt rein, hat Platz bei dem Fest, das Jesus gibt.
Und wenn ich all das, was mich gerade beschäftigt,
Jesus sagen kann, dann nennt man das
im Kirchendeutsch auch

Gabenbereitung

TOM

hat ein Geheimnis,
das nur das Herz und nicht der Kopf versteht:
Er liebt den Kuschelhund, der Bello heißt,
obwohl er völlig abgewetzt und schäbig ist.
Und: Er spricht sogar mit ihm!
Aber diesen Bello hat sein Opa ihm geschenkt,
als Tom noch klein war. Oft haben sie zusammen damit gespielt.
Jetzt ist der Opa tot – schon ziemlich lang sogar.
Aber wenn Tom Bello im Arm hat,
spürt er auch die Nähe seines Opas.
Und wenn er Bello von seinen Problemen erzählt,
dann hört auch Opa zu.

Vielleicht hilft uns Toms Geheimnis, mit dem Herzen zu verstehen,
wie das so ist mit der „Kommunion", dem Abendmahl.
Sie ist das Abschiedsgeschenk, das Jesus seinen Jüngern macht.
Und diese kleine Hostie sieht nicht besonders aus.
Jesus soll darin verborgen sein? Das kann kein Kopf verstehen!
Und doch kommt Jesus dir darin so nah,
wie nur das Herz es spüren kann.

Wer JESUS begegnet,
wird verwandelt – manche jedenfalls.
Aus dem fiesen Zöllner Zachäus wird einer,
der sein Geld mit den Armen teilt.
Aus dem Fischer Petrus wird einer,
der durchs Land zieht und von Gott erzählt.
Aus dem blinden Bartimäus wird einer,
der sehend durchs Leben geht.
Sie alle wurden immer mehr und mehr zu dem,
was gut und echt und richtig ist.
Und was wird aus mir,
wenn ich Jesus in der Kommunion begegne?
Werde ich verwandelt und kommt dadurch hervor,
was Gutes in mir steckt?

Werde ich verwandelt in einen, der gut und echt und richtig ist?

Kommunion

kommt vom lateinischen „Communio“
und heißt „Gemeinschaft“.
Du hast also deine „Erstgemeinschaft“ gefeiert.
Zum ersten Mal zusammen mit deinen Freunden
die gewandelte Hostie erhalten
und bist Jesus damit ganz nahe gekommen.
Es braucht beides für den Glauben:
die Gemeinschaft mit Jesus und die mit den Freunden.
Jesus hat das einmal so gesagt:
„Wo zwei oder drei in meinem Namen versammelt sind,
da bin ich mitten unter ihnen.“
Wir müssen gar nicht unbedingt in die Kirche gehen
oder besondere Gebete sprechen.
Wenn zwei oder drei im Namen von Jesus zusammen sind,
(also im Wissen, dass er da ist, und mit seiner Herzenshaltung)
dann ist er schon mittendrin und dabei!
Und ganz besonders ist er das bei jeder **Kommunion.**

ZUSAMMEN

… können wir fröhlicher jubeln,
wenn unsere Mannschaft gewonnen hat.

… können wir wilder toben,
wenn uns nach einer **Kissenschlacht** zumute ist.

… können wir eine Lösung finden,
wenn uns echte Probleme quälen.

… können wir **Pläne** schmieden,
wenn die Ferien noch vor uns liegen.

… können wir lauter lachen,
wenn einer einen **Witz** erzählt.

… können wir das schaffen,
was vorher ein unüberwindbarer Berg war.

… ist das **Leben** bunter, reicher, schöner.
Wie gut, dass wir einander haben!

Zweitkommunion

„Gibt es eigentlich auch eine Zweitkommunion?" Diese kluge Frage sorgte für einige Lacher in der Gruppe. Gestellt hat sie ein Junge, der von der ganzen Erstkommunionvorbereitung und dem Fest so richtig begeistert war. Für die lachenden Kinder war ganz klar: „Zweitkommunion? Nie gehört, das gibt es nicht." Und sie staunten nicht schlecht, als sie erfuhren, dass es sogar eine Dritt- und Viert-Kommunion gibt.

Man könnte die Erstkommunionvorbereitung vielleicht mit einem Trainingslager für eine Fußballmannschaft vergleichen, und deine Erstkommunion war dann das erste große Spiel. Und so wie kein begeisterter Spieler auf die Idee käme, dann zu sagen: „Na gut, das war schön, aber jetzt ist es vorbei", so wäre es doch auch ziemlich schade, wenn du das Thema Kommunion und Gott jetzt einfach zur Seite legst. Vielleicht gibt es bei euch Kindergruppen, vielleicht hast du Lust, Ministrant zu werden, und wenn du nächsten Sonntag einfach so zur Kirche gehst, dann bist du eingeladen: zur Zweitkommunion.

Gott segne dich mit guten Freunden.

Gott segne dich mit guten Freunden,
damit du Weggefährten hast in Freude und Not.
Gott segne dich mit Großzügigkeit,
damit du freien Herzens teilen kannst.
Gott segne dich mit Fröhlichkeit,
damit du von ganzem Herzen lachen kannst.
Gott segne dich mit großen Träumen,
damit du sie verwirklichen kannst.
Gott segne dich mit Gelassenheit,
damit du niemals den Mut verlierst.
Gott segne dich mit seiner Nähe,
damit du alle Tage in seiner Hand geborgen bist.

wertvoll

Auflösung Rätselschrift:

Du bist in meinen Augen teuer und wertvoll und ich habe dich lieb.

(nachzulesen in der Bibel im Buch Jesaja, Kapitel 43, Vers 4a)